A MESSIEURS LES MEMBRES

DE LA CHAMBRE DES DÉPUTÉS.

MESSIEURS,

Voilà bientôt onze ans que le gouvernement s'est obligé, *par une loi*, de payer aux colons de St.-Domingue, 150 millions pour prix de l'expropriation que, *pour cause d'utilité publique*, il a prononcée contre eux ; et cette loi n'a été pour le gouvernement qu'un jeu, et, pour les colons une funeste déception.

Voilà neuf ans que les colons, à chaque session, s'adressent à vous pour obtenir justice. Ils l'attendent encore !... A qui faut-il donc qu'ils s'adressent? Doivent-ils perdre tout espoir? Si le gouvernement veut leur faire banqueroute, qu'il le déclare !... Le mal qu'il leur fera sera moins grand que celui que leur cause cet espoir qu'on se fait un jeu d'entretenir et de ne point réaliser. On aura du moins le mérite de la franchise !

On vous a dit : « Les colons se prétendent créanciers » du gouvernement, mais ils ne croient pas à leur droit, » s'ils y croyaient, ce n'est pas à vous qu'ils s'adresse- » raient, mais aux tribunaux. » Et quel est donc le tribunal dont le gouvernement se reconnaisse justiciable quand il lui plait de se soustraire aux lois, ou de biffer ses dettes d'un trait de plume? Q'on nous l'indique ce tribunal, et nous cesserons de vous importuner. Mais vous le savez bien, Messieurs, en pareille circonstance, le gouvernement se réserve toujours, entre les citoyens et lui, le droit d'être juge et partie. Ignorez-vous qu'il existe une consultation signée par MM. Dalloz, Delagrange, Hennequin, Dupin jeune, Billecoq, Guichard père, Duranton, Nicod, Delacroix-Frinville, Odillon Barrot, Barthe, Berville, Bernard et Toullier? Que ces jurisconsultes soutiennent que le gouvernement est notre débiteur? que c'est lui qui doit nous payer, soit qu'Haïti le paie ou ne le paie point?

Et lorsque nos droits sont soutenus par tous nos premiers jurisconsultes, comment peut-on vous dire qu'ils sont dénués de fondement, que nous n'y croyons pas nous-mêmes!

Vous dites que nos droits étaient illusoires!

Ils ont été reconnus. Le gouvernement, en s'obligeant à nous payer 150 millions, nous a imposé l'obligation de déposer entre ses mains, nos titres et nos droits.

Nous avons rempli nos obligations, il doit remplir les siennes.

Et pourquoi nos droits étaient-ils illusoires? Parce que nous étions dépouillés? Et quoi, Messieurs! Est-ce qu'il suffit d'être dépouillé pour que le droit soit anéanti? Qu'est-ce que la propriété sans le droit? La civilisation n'est-elle pas le triomphe du droit sur la violence? Ah Messieurs! il faut que le mal moral qui tourmente la France soit bien grand, si le principe de toute civilisation est méconnu jusque parmi vous!

Nos droits étaient illusoires! Lorsque l'Europe entière avait reconnu que l'insurrection et la violence n'avaient porté aucune atteinte au droit de souveraineté de la France sur l'île St.-Domingue! Lorsque la France ne renonçait à ce droit qu'en y fixant un prix, en stipulant des conditions en faveur de son commerce.

Nos droits étaient illusoires! Lorsque le président Pétion, prenant l'initiative, offrait 100 millions pour racheter ces droits! Lorsque plus tard le président Boyer signait l'obligation de payer au gouvernement français 150 millions, pour que ce dernier contractât, au nom de ses citoyens, l'obligation de renoncer à ces droits! Et c'est vous, Messieurs, vous, chargés de défendre les intérêts des citoyens, qui nous contestez nos droits, disant qu'ils étaient illusoires, pour dispenser le gouvernement de nous payer ce qu'il nous doit; et, par une conséquence forcée, le dispenser de se faire payer ce qui lui est dû?

Députés français! vous vous trompez : vous défendez les intérêts d'Haïti et non pas ceux de la France.

Quelle est donc la cause de votre indifférence pour les malheurs de cent mille Français? Un mot, un seul mot. On a donné à la créance des colons, le nom fatal D'INDEMNITÉ, et ce mot choque les préjugés de la plupart d'entre vous : il vous fait détourner la tête, repousser la vérité, refuser toute justice!... Eh bien! non Messieurs! ce n'est plus une indemnité, c'est une créance légalement acquise, dont les colons réclament le paiement : une créance que la loi, l'honneur et l'humanité imposent l'obligation de payer.

LES COLONS ONT ÉTÉ EXPROPRIÉS POUR CAUSE D'UTILTÉ PUBLIQUE.

Rappelez-vous, messieurs, quelle était la position de la France avant 1825. L'Europe entière avait reconnu « que » Saint-Domingue appartenait à la France ; que le gouver- » nement français pourrait faire rentrer cette île dans l'o- » béissance par tous les moyens qu'il jugerait convenables,

» même par la voie des armes, ce à -quoi les puisances
» alliées s'obligeaient à ne porter aucun obstacle » (1).
Et cependant, Saint-Domingue osait méconnaître le gouvernement français. Toutes les nations sur la terre pouvaient commercer avec Saint-Domingue : toutes, excepté
la France. Tous les pavillons étaient admis et respectés :
tous, excepté le pavillon français. tous les peuples étaient
reçus en amis ; le Français seul ne pouvait y débarquer
sans renier sa patrie ! La France, après tous les désastres
qu'elle avait éprouvés, pouvait-elle souffrir un pareil outrage ? N'eût-ce pas été avouer à ses orgueilleux vainqueurs,
qu'elle n'était plus qu'un cadavre sur lequel le plus vil des
animaux pouvaient impunément se ruer ?

Cet état de chose ne pouvait être plus long-temps toléré ;
il était honteux pour la France, préjudiciable à notre commerce. Cependant il n'y avait que deux moyens d'en sor-
tir · la conquête ou une transaction. Vous savez, Messieurs,
quels furent les motifs qui firent préférer ce dernier moyen.
Mais toute transaction était dominée par une condition
sine qua non, l'abandon des droits des colons. On avait of-
fert 100 millions ; le gouvernement Français en demanda
150. Le président Boyer signa l'obligation de les payer.
La France ne renonça à son droit de souveraineté qu'à
condition que les bâtimens français ne seraient soumis
qu'à la moit é du droit imposé aux autres nations. Et ce
fut consenti. Dira-t-on que ce traité fut imposé ? La France
peut donc imposer quand elle veut ? D'où vient qu'elle
souffre aujourd'hui qu'on l'outrage ? La restauration avait
la force, le gouvernement actuel ne l'a-t-il plus, ou n'ose-
t-il point s'en servir ? Sans doute, ce traité fut imposé ;
mais voici comment : Depuis dix ans, les négociations, toujours rompues, toujours recommencées, paraissaient in-

(1) Extrait des traités de 1814 et 1815.

terminables ; plus on accordait aux Haïtiens, plus ils exi-
geaient : toujours ils trouvaient un prétexte pour éviter
de conclure. Le traité de 1825 ne contenait que ce qu'ils
avaient demandé• ou consenti ; mais le gouvernement né
doutant point, qu'au moment de signer, ils ne trouvas-
sent encore quelque prétexte de rupture, leur envoya ce
traité accompagné d'une force suffisante pour le leur faire
respecter.

On vous a dit : « La France ne doit rien anx colons,
» le gouvernement n'est ici qu'un mandataire ou un tuteur
» pour recevoir et pour payer. Les Haïtiens ne paient point.
» La France n'a rien à payer. »

Les colons n'ont point donné de mandat, ils n'avaient
point de mandataire. Le tuteur est responsable ; s'il vend
et qu'on ne le paie point, il doit payer ; il a son recours
sur l'acquéreur.

Les colons n'ont point traité avec les Haïtiens. Avant
1825, il n'y avait point d'Haïti. Saint-Domingue était une
une dépendance de la France en état d'insurrection : toutes les nations civilisées l'avaient ainsi déclaré. La loi des
insurgés ne pouvait atteindre les colons. Les colons sont
Français ; restés fidèles à la patrie, leurs droits ne pouvaient être anéantis que par un acte émané du gouvernement français. Ils ont obéi à sa loi ; ils ont déposé entre
ses mains leurs titres et leurs droits. Lui seul est leur débiteur.

Lorsque le gouvernement émancipa les Haïtiens, il pouvait exiger un tribut quelconque. Ce tribut lui appartenait
en entier ; mais il devait aux colons le prix de leurs propriétés. Il pouvait n'exiger aucun tribut et se contenter
d'avantages politiques ou commerciaux, mais il n'en devait pas moins aux colons le prix de leurs propriétés ;
parce que les colons ont été *propriétaires de droit*, tant

que l'île de Saint-Domingue a *appartenu de droit* à la France.

Le gouvernement, dans l'intérêt général, a exproprié les colons parce que l'honneur national et les intérêts du commerce étaient en souffrance. Le gouvernement a fixé lui-même le prix de ces propriétés ; refuser de le payer, c'est commettre un acte d'iniquité que les tribunaux puniraient s'il était commis par un simple citoyen. Se soustraire aux lois en s'appuyant sur la force qui ne lui est confiée que pour protéger les lois, c'est exciter au bouleversement général, c'est donner l'exemple de la violation de tous les droits.

Le gouvernement n'avait que le choix de réintégrer les colons dans leurs propriétés ou de leur en payer le prix si, dans l'intérêt général, il croyait devoir en faire le sacrifice. Mais j'entends M. Salvandy qui vous répète ce qu'il a déjà publié dans une brochure : « La couronne a seule » le droit de déclarer la guerre. Les colons prétendent-ils » confisquer la couronne à leur profit ? L'Etat doit à ses » citoyens compassion et secours, rien de plus. »

Étrange doctrine en vérité ! La couronne a ses droits, il est vrai, mais elle a ses devoirs, et ses ministres sont responsables quand elle manque à les remplir. Quoi ! ce n'est que pour avoir compassion de nous que nous avons un gouvernement qui nous coûte un milliard par an ? Lorsque les citoyens renoncent en faveur de la société à une partie des droits qu'ils tiennent de la nature, n'est-ce pas pour que la société leur garantisse l'inviolabilité de ceux qu'ils se réservent ? Les gouvernemens ne sont-ils pas faits pour représenter la société envers chaque citoyen, exiger de lui ce qu'il doit à la société, s'acquitter envers lui de ce que la société lui doit ? Lorsque les citoyens prélèvent annuellement une part sur leur propriété pour la donner au gouvernement, n'est-ce pas à condition qu'il maintiendra l'inviolabilité de leurs droits sur le reste? Est-ce à dire que, si une puissance voisine envahissait, je ne dis pas, un département ni une ville, mais la simple chaumière d'un paysan, si ce paysan criait vengeance, s'il appelait la France à son secours, M. Salvandy lui demanderait donc s'il prétend confisquer la couronne à son profit? Et le gouvernement, sans doute, souffrirait cet outrage, car, pourquoi ne le souffrirait-il pas d'une nation européenne, lorsqu'il souffre que la dernière des nations sur la terre détienne les propriétés de quinze mille familles françaises, se joue de la France et refuse insolemment de payer ce qu'elle a reconnu lui devoir?

M. Salvandy vous répétera cette phrase emphatique : « La tempête soulevant les flots a envahi le rivage et tout » emporté. L'état ne fait point la guerre à la tempête! » Sans doute. Si l'île de Saint-Domingue était actuellement au fond de la mer, les colons ne viendraient pas demander au gouvernement de leur payer le prix de leurs propriétés. Mais l'île n'a point sombré, leurs terres sont toujours là, leurs maisons sont encore debout, le gouvernement doit les leur rendre ou les leur payer. Ce droit de protection leur appartient, ils l'ont acquis, ils l'ont payé. Mais j'entends une autre voix qui vous dit : « Nous ne paierons pas » les colons avec l'argent des contribuables, nous ne re- » commencerons pas le scandale du milliard » ! Plaît-il M. Thiers! Avec quel argent la France paie-t-elle ses dettes, si ce n'est avec celui des contribuables? Avec quel argent avez-vous payé les Américains? Je ne pense pas que ce soit avec le vôtre, vous ne l'eussiez pas donné aussi légèrement. Savez-vous ce que la France appelle un scandale? C'est lorsqu'elle voit des ministres, soi-disant avares de l'argent des contribuables, venir pourtant demander à ces contribuables des millions, pour les donner gratuitement.... à qui certes pourrait bien s'en passer, et refuser à des citoyens français ce qui leur est dû, ce qui leur est nécessaire pour acheter du pain. C'est lorsqu'elle voit l'étranger se jouer d'elle, violer les traités, refuser de payer ce qu'il lui doit, et le gouvernement ne rien faire pour réprimer tant d'insolence. C'est lorsqu'elle voit le gouvernement payer l'étranger sous le poids de la menace, et refuser à de faibles citoyens français ce qu'il leur doit.

Enfin, pour dernière objection, nous dira-t-on que la loi du 30 avril 1826 ne porte pas d'une manière suffisamment explicite l'obligation pour le gouvernement de payer les colons si les Haïtiens ne paient pas? A cela je répondrai : 1° Il faut bien pourtant que cette loi contienne cette obligation, puisque les jurisconsultes, nommés ci-dessus, soutiennent qu'elle s'y trouve. Cette consultation est un plaidoyer en notre faveur, resté sans réplique jusqu'à ce jour. Remarquez que chaque fois qu'il est question des colons, les ministres accourent à la tribune pour étouffer la discussion. C'est qu'ils trouvent beaucoup plus facile de dire que le gouvernement ne doit rien aux colons, que de le discuter et de le prouver.

2° S'il y a ambiguité dans la loi, ce n'est pas la faute des colons, qui ne furent point appelés à concourir à la rédaction de cette obligation que le gouvernement contractait envers eux. Cependant, lors de la discussion de cette loi, un député voulut faire disparaître l'ambiguité, en proposant de déclarer formellement que le gouvernement ne serait point responsable. M. Hyde de Neuville fit ressortir l'iniquité de cette proposition : « ce serait, dit-il, » mettre les colons hors la charte, hors le droit commun ». Et la Chambre repoussa l'amendement ! donc la Chambre, interprétant elle-même la loi, a reconnu qu'elle rendait le gouvernement responsable, puisqu'elle a refusé d'admettre le contraire !

3º Enfin l'obligation du gouvernement résulte des faits encore plus que de la loi. Lors même qu'il n'y aurait pas de loi, le gouvernement serait débiteur des colons ; parce qu'il a vendu leurs propriétés, il en a stipulé le prix, il doit le payer. C'est un exemple salutaire, nécessaire à la sécurité de tous, que de forcer le gouvernement à payer, lors même qu'il aurait agi assez inconsidérément pour vendre à un acquéreur insolvable ; parce que ce serait un antécédent effroyable, qui nous ramènerait à l'état de barbarie, que de reconnaître au gouvernement le droit d'aliéner une portion du territoire et de vendre les propriétés des citoyens sans les indemniser : il ne resterait plus qu'une chose à faire, ce serait de vendre les citoyens eux-mêmes.

Je crois, Messieurs, avoir réfuté toutes les objections qu'on nous a faites. J'ai démontré que le gouvernement est le débiteur des colons, que c'est lui qui doit les payer. Je ne pense pas que, dans votre esprit, il puisse encore exister aucun doute. Quel motif peut donc retarder la justice que réclament les colons ? Serait-ce parce que cela dérange les prévisions ? Sans doute ; lorsque le gouvernement a aliéné les biens des colons, il savait très-bien qu'il aurait à les payer ; mais ayant à recevoir des Haïtiens une somme égale à celle qu'il s'obligeait à payer aux colons, il comptait recevoir d'une main ce qu'il avait à payer de l'autre, sans tirer un sou du trésor. Or les Haïtiens ne paient point.

Et pourquoi ne paient-ils point ? Je vois accourir à notre tribune un ancien banquier d'Haïti, long-temps chargé des affaires de cette république, qui, se prévalant de son titre de député français, va défendre les intérêts de l'étranger. Il va vous dire que ces pauvres Haïtiens sont de la meilleure foi du monde, mais ils ne peuvent pas payer, vous ne pouvez pas leur demander l'impossible. Messieurs, tel

*

qui soutient l'insolvabilité d'Haïti, a reçu des preuves pal-
pables du contraire (1).

Et comment se fait-il que cette république, qui prou-
vait qu'elle avait tant de ressources en 1825 , soit insolvable
aujourd'hui?

J'ai eu l'honneur de vous dire que le président Pétion ,
dès les premières négociations , offrit , de lui-même , 100
millions pour racheter les droits des colons. Or il faut ob-
server qu'à cette époque là , le pays était épuisé par la
guerre entre les noirs et les mulâtres. Aujourd'hui les deux
peuples ne font qu'un ; de longues années de paix ont dû
augmenter considérablement les ressources et la richesse
de ce pays. Plus tard , le président Boyer renouvela cette
offre ; mais le gouvernement français , avant de l'accepter,
voulut savoir quelle était la valeur actuelle des propriétés
qu'il allait aliéner. Or voici le résumé des documens authentiques que produisirent les représentans d'Haïti.

La plupart des propriétés des anciens colons sont restées
propriété de l'État , sous la dénomination de *domaines na-
tionaux*. Le gouvernement les loue ou les afferme. Les
Haïtiens ont déclaré que le revenu annuel de ces propriétés.

(1) Lorsque M. Lafitte mit sa maison en liquidation, il restait
entre ses mains, mille obligations de l'emprunt d'Haïti; ces
obligations avaient été payées 800 fr., leur valeur nominale était
de 1,000 fr., mais elles ne valaient alors à la Bourse qu'environ
250 fr. M. Lafitte écrivit au président Boyer pour le prier, en
considération des bons services qu'il avait rendus aux Haïtiens,
de lui racheter ces obligations. Le président lui envoya aussitôt
UN MILLION. C'est-à-dire que le président paya à M. Lafitte un
million, ce qu'il n'aurait payé à la Bourse que 250,000 fr., d'où
résulte encore que le président a très-généreusement gratifié
M. Lafitte d'une somme de 750,000 fr., ce qui contraste singuliè-
rement avec la prétendue insolvabilité d'Haïti !

est de 30 millions de francs. Mais ils observèrent qu'il fallait déduire-moitié pour frais de culture (1) , ce qui laisse un revenu net de 15 millions. Or, dans ces pays-là, on calcule la valeur des propriétés sur dix années de revenu. Ainsi donc les propriétés des anciens colons valent , dans leur état actuel , 150 millions.' Telle est la base sur laquelle fut établi le montant de l'indemnité.

Le gouvernement d'Haïti n'avait donc , pour réaliser ces 150 millions, qu'à vendre ces domaines (2), C'est, en effet, ce qu'il promit de faire.... , et c'est ce qu'il n'a pas fait.

Les Haïtiens exposèrent qu'ils avaient un fonds de reserve ; c'est ainsi qu'ils appellent le trésor de l'ancien roi Christophe , dont ils s'emparèrent après sa mort.

Le dire général est que ce trésor contenait 30 millions de piastres espagnoles , c'est-à-dire un peu plus de 150 millions de francs. Mais les Haïtiens prétendirent qu'il ne contenait réellement que 15 millions de piastres , soit 75 millions de francs : du reste , ils reconnurent que ce fonds de réserve était intact , ils n'avaient pas encore eu besoin d'y toucher,

(1) Cette déduction de moitié pour frais de culture fut énorme , car tout le monde sait bien que les nègres ne cultivent presque rien.

Le produit principal de l'île, à cette époque là surtout, c'était le café , que les nègres récoltent sur les caféières établies par les blancs. Une caféière est coûteuse à établir, mais une fois eu rapport, les frais de culture sont fort peu de chose ; ainsi les frais de culture eussent été plus que couverts par une déduction d'un tiers et même d'un quart, ce qui eût porté le produit net à plus de 20 millions, et la valeur des propriétés à plus de 200 millions.

(2) Le gouvernement d'Haïti a hypothéqué ces domaines pour garantie de son emprunt qui devait s'élever à 150 millions : donc il a reconnu que ces domaines valent au moins 150 millions.

Ils exposèrent encore l'état de leurs recettes et de leurs dépenses, et prouvèrent ainsi qu'ils avaient annuellement un excédant de quatre millions.

Enfin, ils dirent qu'ils avaient tenu sur pied, jusqu'alors une armée de 40,000 hommes dans la crainte de la France. Or, cette armée est tout-à-fait hors de proportion avec leur population, qui est tout au plus d'un million d'habitans. Ils s'engagèrent à la réduire successivement jusqu'à dix mille hommes, ce qui serait plus que suffisant lorsqu'ils seraient en paix avec le monde entier; et cette réduction sur leurs dépenses devait encore augmenter l'excédant de leurs recettes (1).

Il résultait donc évidemment, d'après ces documens, que les Haïtiens pouvaient remplir leurs engagemens. Aussi parut-il à cette époque une foule de brochures, une entr'autres publiée par M. Ternaux, dont la conclusion était que le gouvernement haïtien était plus solvable qu'aucun gonvernement européen, car il possédait beaucoup et ne devait encore rien.

Cependant, à peine le ministère de Villèle fut-il renversé, que les Haïtiens sentirent le parti qu'ils pouvaient tirer de cet événement et s'empressèrent d'en profiter. Ils revinrent à Paris et se présentèrent aux nouveaux ministres, comme de pauvres innocens qui s'étaient engagés à payer beaucoup plus qu'ils ne pouvaient. Ils demandèrent qu'il leur fut permis de faire un nouvel exposé de leurs ressources, et l'on eut la faiblesse d'y consentir : mais comme ils étaient humbles alors, auprès de ce qu'ils sont aujourd'hui ! Ils ne voulaient point toucher au chiffre de l'indemnité ; l'honneur national le leur défendait, disaient-ils ; ils

____

(1) Après le traité de 1825, le président ne se mit nullement en mesure de réduire son armée. Il la maintient encore aujourd'hui sur le même pied.

ne demandaient qu'un plus long terme pour s'acquitter en-
tièrement (1). Ainsi ils proposèrent de payer annuellement
6,500,000 fr. pour être répartis ainsi que suit: 1° 3,600,000 f.
pour le service de l'intérèt à 3 p. 100 des 120 millions qu'ils
restaient devoir ; 2° 1,200,000 fr. pour l'amortissement de
cétte dette ; 3° 1,700,000 fr. pour le service de l'intérêt et
l'amortissement de leur emprunt. De la sorte , la totalité de
leur dette se trouvait éteinte au bout de trente-cinq ans.

Cette fois-ci, le gouvernement avait nommé une commission composée de pairs et de députés pour examiner
les nouveaux documens que les Haïtiens avaient à pro-
duire, tant pour prouver l'impossibilité où ils étaient de
payēr 150 millions dans cinq ans, que la facilité avec laquelle ils pourraient remplir leurs nouveaux engagemens,
et lorsque le travail de cette commission fut achevé, il fut
conclu un traité sur les bases mentionnées ci-dessus, mais
par une faiblesse inconcevable du ministère Martignac, la
France renonça au demi-droit stipulé en faveur du commerce français dans le traité de 1825.

Quoi qu'il en soit, ce nouveau traité, par lequel les Haïtiens avaient obtenu tout ce qu'ils avaient demandé, fut si-
gné en France, et ratifié par le président Boyer en 1829.
Ce traité doit donc être considéré comme définitif, car
cette fois-ci il n'existe aucun prétexte pour dire qu'il fut

(1) C'était pourtant une escobarderie, car, proposer de con-
vertir en 3 p. 100 un paiement qui devait être fait en écus, c'était
la même chose que proposer de réduire le capital de deux cin-
quièmes.

On trouvera peut-être ces Haïtiens fort adroits, mais avec de
l'argent, tout est facile. La plus mauvaise créance est celle d'un
homme riche qui ne veut pas payer ; parce que, avec son argent,
il trouvera de bons amis qui lui donneront de bons conseils,
qui lui rendront de bons services, à l'aide desquels il se dispen-
sera de payer.

imposé. Les Haïtiens ne peuvent nier l'authenticité, la validité des documens qu'ils ont produits, sans déclarer par le fait, que déjà deux fois ils se sont joués de la France. Un gouvernement qui se respecte, et surtout qui veut être respecté, peut-il souffrir une pareille insolence? A quoi sert d'entamer de nouvelles négociations? Quelle confiance peut-on avoir dans les nouveaux documens qu'ils produiront encore?

Cependant le traité de 1829 a été violé. Le président Boyer s'est empressé de soumettre les bâtimens français aux mêmes droits que les bâtimens étrangers, et il a refusé de payer les 6,500,000 fr.

La révolution de juillet éclata. Les Haïtiens crurent que le moment favorable était venu, car ils espéraient, ils espèrent encore que quelque guerre civile ou étrangère viendra nous distraire et nous forcer à les oublier. C'est dans cet espoir qu'ils cherchent, par tous les moyens possibles, à gagner du temps, et il faut convenir qu'ils ont trouvé à la tête de nos affaires des hommes qui les ont merveilleusement secondés. Est-ce trahison ou pusillanimité? — Messieurs, je vous soumets la question. — Elle mérite votre attention.

Les Haïtiens crurent, après la révolution, que tout le continent allait fondre sur la France. Ils jetèrent le masque; d'humbles qu'ils étaient, ils devinrent insolens. Ils voulurent avoir l'honneur de sonner les premiers la trompette, sauf à se ruer plus tard sur le lion, quand il serait mort. Ils firent déclarer au nouveau gouvernement qu'ils ne lui devaient plus rien. La révolution de juillet leur avait donné quittance! Heureusement que ce gouvernement, qui s'appelait le gouvernement à bon marché, n'avait l'intention de rien faire gratuitement. Aussi refusa-t-il de donner sa quittance gratuite. Cependant on s'empressa de bâcler un traité à bon marché. — En effet, on y faisait

bon marché des colons ; ce traité était tout en faveur des
sonscripteurs de l'emprunt. Les Haïtiens, dans un rapide
exposé de leurs ressources, prouvèrent qu'ils ne pouvaient
point payer les 6,500,000 fr., mais ils offrirent de payer
4 millions par an pendant quarante ans. Cela devait servir à payer principalement les souscripteurs de l'emprunt,
le surplus était livré aux colons.

Les faiseurs de ce traité avaient si grande envie qu'il fût
définitif, qu'ils le revêtirent de toutes les formes, de toutes les signatures nécessaires en France, afin qu'il n'eût
pas besoin d'être renvoyé. La signature du roi Louis-Phi-
lippe y fut apposée ; celle du président Boyer seule man-
quait. Quel fût leur étonnement! Le président reçut le
traité avec colère, il refusa de le signer, et fit une proclamation furibonde dans laquelle il donnait au nouveau gouvernement un démenti formel! Il était dit, dans la formule
du traité, que les pouvoirs du représentant d'Haïti avaient
été vérifiés et trouvés en bonne forme. Le président dé-
clara que son représentant n'avait aucun pouvoir, aucun
pour proposer, accepter ou conclure un traité, mais qu'il
n'était chargé que de discuter une question spéciale avec
l'ancien gouvernement *et point avec le nouveau*. Notre consul eut avec le président une altercation très-vive au sujet
de cette proclamation. Le président se permit les propos
les plus insolens. « Envoyez-nous, osa-t-il dire, votre ar-
» mée d'un million d'hommes et vos deux millions de
» garde nationale, nous les enterrerons à côté de l'armée
» de Leclerc... » Le consul, homme d'honneur, ne put
souffrir cet outrage ; il revint en France. Le ministre d'a-
lors blâma sévèrement sa susceptibilité pour l'honneur
national (1)!!!!

(1) M. Sébastiani, ministre alors, reprocha au consul, M. de
Mollien. « *d'avoir compromis son gouvernement* ». M. Sébas-

Tel est donc le gouvernement qui devait nous relever aux yeux de l'étranger ! Et quelle puissance peut craindre aujourd'hui de nous outrager quand les Haïtiens osent le faire avec impunité !

Le gouvernement français n'a pas cessé de traiter les Haïtiens comme nos bons amis, mais eux, encouragés dans leur insolence, n'ont pas cessé de nous traiter avec mépris. Ils ont refusé l'*exequatur* au consul qu'on leur a envoyé. Ils ne reconnaissent pas nos consuls !

Cependant, à chaque session, les malheureux colons, de plus en plus pressés par la misère, ne cessent de vous demander justice ; et les ministres, pour avoir l'air de s'occuper de cette affaire, ont entamé un instant de nouvelles négociations. Les Haïtiens, fidèles à leur tactique, ont demandé que pour la quatrième fois on examinât un nouvel exposé de leurs ressources, et le gouvernement, avec une condescendance qu'on ne peut plus qualifier, a consenti à subir cette quatrième mystification.

Il y a environ deux ans qu'il a nommé une commission à cet effet. Le travail de cette commission est terminé depuis long-temps. On ne vous l'a point communiqué ; il est vrai que vous ne l'avez point demandé, mais en vérité était-ce bien la peine ? — La nomination de cette commission n'a eu pour objet que de gagner, ou pour mieux dire, de perdre du temps.

Divers bruits ont circulé. On prétend que cette fois-ci

tiani appelle compromettre le gouvernement, le forcer à soutenir l'honneur national. En effet, le gouvernement eut l'air de vouloir laver cet affront ; on parla de bloquer Haïti, on demanda au gouvernement espagnol un port dans l'île de Cuba pour ravitailler la flotte. L'Espagne nous offrit la baie de *Guatamana*. Le ministre de la marine demanda un supplément de fonds, qui lui fut accordé, et de tout cela qu'a-t-on fait ?

les Haïtiens ont soutenu, qu'ils ne pouvaient payer que trois millions par an. Encore une commission, et ils n'en pourront payer que deux, et ils continueront ainsi tant qu'on le leur permettra, jusqu'à ce que leur espoir se réalise, ou que de commission en commission ils arrivent à se faire donner quittance gratuitement (1).

Messieurs les députés! Prêterez-vous votre appui à des hommes qui laissent ainsi traîner dans la fange l'honneur national? Songez que leur permettre de continuer une semblable conduite, c'est vous en rendre complices.

Conçoit-on quelque chose de plus flétrissant pour la France que le discours prononcé le 28 mai 1836, à l'occasion des pétitions des colons, par M. Thiers, alors prési-

______

(1) On assure qu'à présent ils ne veulent plus payer qu'un million par an pendant 45 ans. Aujourd'hui, l'honneur national ne leur défend plus de toucher au chiffre de l'indemnité, ils déclarent tout net, qu'il faut avant tout le réduire de moitié, c'est-à-dire le fixer à 75 millions. Ainsi, disent-ils, nous en avons payé 30, nous paierons les 45 restants, à raison d'un million par an pendant 45 ans sans intérêt.

Dans le nouvel exposé de leurs ressources, c'est-à-dire dans leur nouveau bilan frauduleux, il n'est plus question de la vente des domaines, ni du fonds de réserve, ni de l'excédant des recettes; mais ils présentent, comme seul et unique moyen de nous payer, la réduction de leur armée. Ils partent de là pour renfermer nos ministres dans un dilemme fort curieux. « Si vous nous menacez, disent-ils, si vous nous inspi» rez la moindre crainte, nous ne pourrons pas réduire notre » armée, donc nous ne pourrons pas vous payer. Si vous ne » nous menacez pas, si vous ne nous inspirez aucune crainte, » nous continuerons à nous moquer de vous, comme nous » l'avons fait jusqu'à ce jour, et nous ne vous paierons pas!..... » Nos ministres trouvent la question bien grave, bien difficile à résoudre.

dent du Conseil. A chaque instant il s'arrêtait pour inter-
prêter ses paroles, pour déclarer qu'elles étaient purement
pacifiques et protester de toutes ses forces qu'on ne devait
y comprendre aucune menace. Et lorsque nos ministres,
à la face de l'Europe, osent tenir un aussi faible langage,
quel doit être celui qu'ils tiennent dans leur diplomatie
secrète?

Messieurs, dans le récit que je viens de vous faire de la
marche de cette affaire depuis l'origine jusqu'à ce jour,
vous avez dû remarquer que le nègre est essentiellement
astucieux. Vous l'avez vu humble, suppliant avec la restauration parce qu'elle savait se faire respecter. Vous le voyez
aujourd'hui arrogant, insolent, parce qu'on le lui permet.
Pour terminer cette honteuse affaire, il ne faut que vouloir.
Toute la difficulté vient de ce qu'on a faussé la position de
cette affaire dès le commencement. La mauvaise foi des Haïtiens n'a été que la conséquence de la mauvaise foi du gouvernement français. C'est lui qui leur a donné l'exemple.
Le gouvernement français a dit aux colons; « je ne suis
» qu'un intermédiaire, on ne me doit rien, je ne vous dois
» rien ; ce sont les Haïtiens qui sont vos débiteurs. »

Les Haïtiens ont dit : « Le gouvernement français déclare
» que nous ne lui devons rien, nous acceptons sa déclara-
» tion, mais il prétend que nous devons aux colons ; ce
» n'est pas vrai, car nous n'avons pris aucun engagement,
» fait aucun traité avec les colons ; d'ailleurs, ils n'ont
» aucun moyen de nous forcer à payer ; donc, ne payons
» pas. »

Messieurs, il est impossible que, maintenant que vous
connaissez cette affaire, elle vous soit indifférente.

Voulez-vous la voir se terminer? Replacez la question
dans la vérité. Reconnaissez que le gouvernement français
est débiteur des colons, et que les Haïtiens sont débiteurs
du gouvernement français. Alors tout va changer. Le gou-

vernement sentira qu'il faut payer, et pour ne pas rester à découvert, il prendra les mesures nécessaires pour se faire payer. Alors vous verrez changer l'insolence en humbles supplications. Qu'on soit ferme, et tout se terminera. Vous en avez eu la preuve dans l'affaire des 4,840,000 francs. — Tant que les Haïtiens ont cru n'avoir affaire qu'à des citoyens, ils se sont joués d'eux ; le jour où le gouvernement a pris cette créance pour son compte tout a été terminé.

Pourquoi le gouvernement n'a-t-il pas fait pour la totalité de la créance ce qu'il a fait pour une partie? Vous le savez, Messieurs, aussi bien que tout le monde, le gouvernement n'a pris cette créance pour son compte que parce qu'il y a été poussé par l'influence d'un homme qui y était personnellement intéressé (1).

(1) Chaque fois que M. Lafitte monte à la tribune pour parler de l'affaire d'Haïti, il s'empresse de déclarer qu'il est *tout à fait désintéressé*. C'est bien là ce qu'il y a de plus fâcheux pour ceux qui lui ont acheté les obligations d'Haïti et pour les colons. Si le président Boyer n'eût pas racheté les mille obligations, si le gouvernement français n'eût pas remboursé les 4,840,000 fr., M. Lafitte tiendrait un tout autre langage ; au lieu d'affirmer sur sa parole, et rien de plus, que les Haïtiens ne peuvent pas payer, il vous rappellerait les documeus authentiques qu'ils avaient produits avant 1835, et il fallait que ces documens fussent bien clairs, bien positifs pour que tous les banquiers de Paris et de Londres se présentassent à l'envi pour avancer les 150 millions ; et certes, avant d'offrir de payer une somme comme celle-là, ils ont dû commencer par bien s'assurer de la solvabilité de celui qui allait devenir leur débiteur.

Plût à Dieu que le gouvernement français ne se fût pas opposé à ce que cet emprunt fût fait en Angleterre ! Les colons seraient payés..... et les Anglais aussi, depuis long-temps.

Si M. Lafitte était encore créancier d'Haïti, au lieu d'user de

Messieurs, j'ai entrepris la tâche pénible de vous dire toute la vérité. Je dois vous répéter ici ce que j'ai entendu dire à tous les colons, à tous leurs intéressés, à tous leurs créanciers : Le grand malheur pour nous, c'est que parmi « les hommes du gouvernement, il n'y en ait pas un qui » ait à prendre une forte part sur cette indemnité. »

Désirez-vous enfin voir cesser ce scandale ? les cris que la misère et le désespoir arrachent aux colons, vous ont-ils fatigués ? Si vous désirez mettre un terme à leurs souffrances, ce n'est pas en renvoyant simplement leurs pétitions au ministres que vous y parviendrez, l'expérience des dix dernières années vous prouve que ce moyen est usé. Les ministres se jouent des pétitions que vous leur renvoyez. Autant vaudrait dire aux colons, n'espérez plus, nous vous abandonnons, il n'y a plus de justice pour vous sur la terre. Non, Messieurs, vous ne renverrez pas nos pétitions aux ministres, vous ferez quelque chose de plus ; vous avez le droit d'initiative, vous présenterez un projet de loi ; vous reconnaîtrez que le gouvernement est débiteur des colons, qu'ils faut qu'ils soient payés. Vous prendrez pour base le traité de 1829, vous insisterez pour que le gouvernement le fasse exécuter. Ce traité concilie les intérêts des colons et ceux des porteurs d'obligations d'Haïti. Les uns et les autres y sont traités de la même maniére ; il serait injuste qu'ils fussent traités différemment (1).

son influence pour favoriser les Haïtiens, il s'en servirait pour pousser le gouvernement à terminer cette affaire. C'est bien parce que le président Boyer a senti cela qu'il s'est empressé de le *désintéresser*.

(1) Au nombre des stratagèmes qu'on a employés pour entraver la marche de cette affaire, on a imaginé d'exciter une sorte de rivalité entre les porteurs de bons d'Haïti et les colons ; on a dit aux uns que c'était à cause de *l'indemnité* des colons que le gouver-

Je vous ai prouvé que les Haïtiens étaient solvables, ou plutôt ils l'ont prouvé eux-mêmes. Vous trouverez dans le travail de la commission de 1829, tous les documens à l'appui. Le trésor ne peut rien perdre ; le gouvernement, pour être payé, n'a qu'à vouloir ; mais il est évident que, jusqu'à ce jour, il ne l'a pas voulu, et rien ne porte à croire qu'il le veuille aujourd'hui.

Les ministres semblent éviter cette affaire comme une bombe qu'ils craindraient de voir éclater sur leurs têtes. Chacun d'eux, en arrivant au ministère semble dire : « Mon » prédécesseur m'a légué cette affaire, et moi je la léguerai à mon successeur. »

Les ministres ne s'occuperont de cette affaire que lorsqu'ils y seront contraints ; ils ne peuvent y être contraints que par vous ; vous, les représentans de l'opinion publique, qui déjà s'indigne du rôle honteux qu'on a fait jouer à la France.

Messieurs, pour vous intéresser aux malheurs des colons, j'aurais pu emprunter aux pages de l'histoire le récit

---

nement répugnait à s'occuper de cette affarie, et l'on a dit aux colons que c'était l'affaire de l'emprunt qui compliquait la question et la rendait insoluble, et de part et d'autre, on s'est irrité jusqu'à se considérer comme adversaire et à s'adresser presque des reproches.—Au lieu de s'entendre pour demander une même chose qui conciliât les intérêts des deux, chacune de son côté a demandé des choses contradictoires, soutenant les intérêts des uns au préjudice de ceux des autres, et le gouvernement tout occupé de lui-même, si peu disposé déjà à protéger les droits et les intérêts des citoyens, a trouvé que le moyen le plus simple était de rien faire du tout, c'est là le type caractéristique du juste-milieu ; ce que le général Lamarque appelait « *une halte dans la boue ;* » cette expression s'applique admirablement à l'affaire d'Haïti.

effroyable des maux qu'ils ont soufferts, les persécutions,
les supplices affreux que les noirs inventèrent pour eux ;
mais pour soutenir la cause des colons, je n'ai voulu m'appuyer que sur la force et la justice de leurs droits. Les
colons ne demandent ni grace, ni faveur, ils demandent
justice.

Je dois cependant vous dire qu'après la ruine de la colonie, la plupart de ces malheureux qui purent échapper
au carnage, se réfugièrent dans les pays voisins ; là, jeunes
encore, ils s'étaient créés quelques moyens d'existence.

La France sembla se ressouvenir d'eux et vouloir porter
quelque soulagement à leur misère. Hélas ! quelle cruelle
ironie ! Ils crurent à la sainteté des lois, à l'inviolabilité des
traités, à l'honneur national. Forcés par leur misère de
vivre loin de la patrie, ils brûlaient de la revoir. Elle les
rappela (1), ils n'hésitèrent point, ils sacrifièrent joyeusement, l'un son industrie, l'autre son coin de terre : aujourd'hui, trompés dans leur attente, oubliés, abandonnés,
leurs faibles ressources sont épuisées ; déjà, Messieurs,
plusieurs d'entr'eux, pour éviter l'agonie de la faim, ont

(1) Les consuls français aux États-Unis reçurent du consul-général l'ordre de faire insérer dans les journaux un article *en français* qu'on leur envoya *tout fait*.

Par cet article, on avertissait les colons de l'indemnité à laquelle ils avaient droit en vertu de la loi du 30 avril 1826. ON LES INVITAIT A VENIR LA RÉCLAMER EUX-MÊMES. On leur disait que les démarches seraient simples et faciles, et qu'il y aurait un bureau de renseignemens où on leur indiquerait gratuitement tout ce qu'ils auraient à faire.

Or si le consul-général ordonnait aux consuls de publier ces renseignemens, c'est qu'il avait lui-même reçu de France cet ordre et ces renseignemens. Ainsi il est incontestable que le gouvernement a rappelé lui-même ces malheureux colons, qu'il laisse aujourd'hui mourir de faim sur le pavé de Paris.

eu recours au suicide (1)! Et les ministres vous disent, l'ordre et la prospérité règnent partout! Que leur importe à eux que des malheureux meurent de faim, pouvu qn'ils meurent en silence! Leurs festins, ces jours là, sont-ils moins somptueux?

Pour vous couvaincre, Messieurs, de l'énormité du mal que cause leur apathie, faudra-t-il qu'un de ces malheureux, un père de famille peut-être, n'ayant plus de pain à donner à ses enfans, vienne au milieu de vous, dans votre palais, se donner une mort éclatante; et pour dernière pétition, fasse jaillir sur vous son sang et les débris de sa tête? Messieurs! Messieurs! le colon ne peut pas mendier, mais il peut se livrer au désespoir!

(1) Tout récemment encore, un malheureux colon vient de se donner la mort. — Il ne lui restait plus rien.

HERHAN, IMPRIMEUR, RUE SAINT-DENIS, N° 380.

www.ingramcontent.com/pod-product-compliance
Lightning Source LLC
Chambersburg PA
CBHW050807070726
47595CB00015B/3014